BEI GRIN MACHT SICH IHR WISSEN BEZAHLT

AF148273

- Wir veröffentlichen Ihre Hausarbeit, Bachelor- und Masterarbeit

- Ihr eigenes eBook und Buch - weltweit in allen wichtigen Shops

- Verdienen Sie an jedem Verkauf

Jetzt bei www.GRIN.com hochladen
und kostenlos publizieren

Patrick Niedenführ

Projektmanagement. Einführung und Definition

GRIN Verlag

Bibliografische Information der Deutschen Nationalbibliothek:

Die Deutsche Bibliothek verzeichnet diese Publikation in der Deutschen National-
bibliografie; detaillierte bibliografische Daten sind im Internet über http://dnb.d-
nb.de/ abrufbar.

Dieses Werk sowie alle darin enthaltenen einzelnen Beiträge und Abbildungen
sind urheberrechtlich geschützt. Jede Verwertung, die nicht ausdrücklich vom
Urheberrechtsschutz zugelassen ist, bedarf der vorherigen Zustimmung des Verla-
ges. Das gilt insbesondere für Vervielfältigungen, Bearbeitungen, Übersetzungen,
Mikroverfilmungen, Auswertungen durch Datenbanken und für die Einspeicherung
und Verarbeitung in elektronische Systeme. Alle Rechte, auch die des auszugsweisen
Nachdrucks, der fotomechanischen Wiedergabe (einschließlich Mikrokopie) sowie
der Auswertung durch Datenbanken oder ähnliche Einrichtungen, vorbehalten.

Impressum:

Copyright © 2009 GRIN Verlag GmbH
Druck und Bindung: Books on Demand GmbH, Norderstedt Germany
ISBN: 978-3-656-59541-0

Dieses Buch bei GRIN:

http://www.grin.com/de/e-book/268574/projektmanagement-einfuehrung-und-
definition

GRIN - Your knowledge has value

Der GRIN Verlag publiziert seit 1998 wissenschaftliche Arbeiten von Studenten, Hochschullehrern und anderen Akademikern als eBook und gedrucktes Buch. Die Verlagswebsite www.grin.com ist die ideale Plattform zur Veröffentlichung von Hausarbeiten, Abschlussarbeiten, wissenschaftlichen Aufsätzen, Dissertationen und Fachbüchern.

Besuchen Sie uns im Internet:

http://www.grin.com/

http://www.facebook.com/grincom

http://www.twitter.com/grin_com

Projektmanagement
Einführung und Definition

Patrick Niedenführ

1. Semester Software-Produktmanagement

Seminararbeit

Hochschule Furtwangen

Wissenschaftliches Arbeiten

WS 2009/2010

14.November 2009

Vorwort

Ich bedanke mich bei Allen, die diese Arbeit zur Korrekturlesung angenommen und sich die Mühe gemacht haben. Besonders danke ich meiner Mutter sowie meiner Freundin Angela Schmidt und meinem ehemaligen Klassenkameraden Patrick Sieb. Desweiteren danke ich meinem Dozenten Dipl. Inf. Alexander Wahl für seine souveräne Unterstützung und seine exzellente Vorbereitung während der Ausarbeitung.

Abstract

Diese wissenschaftliche Arbeit erläutert den Begriff „Projektmanagement" und beschreibt die Grundlagen zu diesem Thema. Anschließend werden der genaue Planungs- und Ablaufprozess, sowie die einzelnen Methoden der Projektplanung komprimiert beschrieben. Mit Hilfe von graphischen Elementen soll die Erläuterung der einzelnen Kapitel unterstützt werden. Diese sind im Anhang dargestellt. Desweiteren wird ein kurzer Einblick auf aktuelle Entwicklungen gewährt. Abschließend soll ein Resümee die Meinung des Autors dieser wissenschaftlichen Arbeit aufzeigen.

Inhaltsverzeichnis

1. Einleitung

Ein berühmtes Leitbild der Projektmanager besagt: „Jeder Projektmanager der glaubt, Projekte managen zu können, der glaubt auch, dass Zitronenfalter Zitronen falten." Dieses Zitat weißt deutlich auf die Komplexität des Themas Projektmanagement hin (siehe auch A1 im Anhang). In den folgenden Kapiteln möchte der Autor dieser Wissenschaftlichen Arbeit näher auf das Thema eingehen und Einblicke vermitteln, wie das Managen von Projekten zu handhaben ist.

1.1 Definition

Die Frage nach „Projektmanagement" führt unweigerlich auf die Definition eines Projektes hin. Ein Projekt ist ein Vorhaben, das durch die Einmaligkeit seiner Bedingungen gekennzeichnet ist. Dies bedeutet es bedarf einer einmaligen speziellen Zielvorgabe, zeitlichen, finanziellen oder personellen Begrenzungen, sowie einer projektspezifischen Organisation.

Diese Definition ist nach der Deutschen Industrienorm 69 901 festgelegt. Somit ist Projektmanagement das Durchführen eines Vorhabens unter Berücksichtigung der Projektziele (Kosten, Zeit) mithilfe bestimmter Funktionen (Planung, Controlling).

1.2 Historische Entwicklung[1]

Implizites Projektmanagement führt historisch bereits auf hochentwickelte Kulturen wie die Ägypter oder Babylonier zurück. Sei es der Bau der Pyramiden oder der des Turms zu Babel. Überall dort wo größere Vorhaben durch Menschen bewältigt wurden, kann von implizitem Projektmanagement gesprochen werden.

Als Systematisches Projektmanagement werden Projekte verstanden, die zur Durchführung bestimmte Methoden der Planung und Organisation in Anspruch nehmen. Als erste zeitlich datierte Vorhaben werden der Bau des Hoover Dammes und das Apollo-Programm der NASA genannt.

Durch die fortschreitende Professionalisierung des Projektmanagements haben sich Methoden und Verfahren entwickelt die heute den Standard definieren. Zwei wichtige Verfahren sind das PRINCE2 und das PmBoK.

---

[1] Vgl. Organisation und Projektmanagement (Bergmann 2008)

Patrick Niedenführ

Projects in Controlled Environments (PRINCE) ist eine Projektmanagementmethode zur Planung, Organisation und Management eines Projektes. Es wird momentan in 50 Ländern angewandt. Es definiert acht Prozesse, vier Phasen eines Projektes und acht Komponenten, für die Handlungsanweisungen gegeben werden. Der Project Management Body of Knowledge (PmBoK) ist der international am Häufigsten benutzte Industriestandard und beinhaltet eine Zusammenfassung des Wissens über angewandtes Projektmanagement. Dieser Standard verwendet ein Modell nach dem Arbeiten in Prozessen abgeschlossen werden.

1.3 Anwendungsgebiete

Die Anwendungsgebiete des Projektmanagements gliedern sich in vier Hauptgruppen: Investitionsprojekte, Organisationsprojekte, F&E (Forschung & Entwicklung) Projekte sowie komplexe Dienstleistungsprojekte. Als Investitions-projekte werden unter anderem der Kauf und Verkauf eines Unternehmens gehandelt, während die Einführung neuer Strukturen oder Marketingprojekte zu den Organisationsprojekten gehören. Mit der Entwicklung einer neuen Software, eines Kraftfahrzeuges oder Mobilfunkgerätes beschäftigen sich Projektleiter der Gruppe F&E Projekte. Eine Generalüberholung z.B. eines Kernkraftwerkes umfasst die Rubrik komplexe Dienstleistungsprojekte.

2. Grundlagen

Projektmanagement lässt sich in vier Phasen gliedern: Die Projektdefinition am Anfang, die Projektplanung als Kernstück, die Projektdurchführung als operativer Teil und der Projektabschluss am Ende des Projektes.

Die Projektdefinition beginnt mit der Problemanalyse und der Formulierung der Projektziele (Ist-Analyse und Soll Konzeption). Anschließend folgen die Formation des Projektteams und die Ernennung des Projektleiters. Dieser nimmt, aus Autoritätsgründen, nach seiner Beförderung eine übergeordnete Stellung gegenüber seinen Mitarbeitern ein. Bevor die zweite Phase beginnen kann, werden die erzielten Vereinbarungen, Ziele etc. in einem Projektvertrag festgehalten. Nach dem offiziellen Kick-Off Meeting beginnt die Planung des Projektes. In der Projektplanungsphase werden u.a. die Meilensteine und Arbeitspakete definiert, sowie der Projektplan und der Projektstrukturplan ausgearbeitet (siehe Kapitel 3). Desweiteren werden die einzelnen Ressourcen (Projektteammitglieder) den jeweiligen Arbeitspaketen zugeordnet. Dadurch ergibt sich für den Projektleiter eine Struktur, die ihm mitteilt, wer mit welcher Aufgabe betraut ist und an wen er sich bei Rückfragen zu wenden hat. In der Durchführungsphase liegen die Schwerpunkte auf der Projektsteuerung und dem Controlling. Letzteres ist für die Überwachung des Budgets sowie der Einhaltung der Zielvorgaben zuständig. Die Schlussphase wird durch eine Abschlussdokumentation und –präsentation, einer Abnahme und einer Rechnungsstellung definiert (siehe A2 im Anhang).

Der obige, grob beschriebene Ablauf, weist deutlich auf die Relevanz des Projektmanagements in der Wirtschaft hin. Projektmanagement ist einer der maßgeblichen Faktoren für den geschäftlichen Erfolg. Da der Großteil von immer komplexer werdenden Aufgaben in Unternehmen in Projekte abgewickelt werden, ist Projektmanagement aus dem „modernen Business" nicht mehr wegzudenken und somit einer der wichtigsten Methoden für die Geschäftssteuerung.

3. Methoden des Projektmanagements

In Kapitel 2 wurde grob auf den Projektablauf eingegangen. In diesem Kapitel möchte der Autor dieser Seminararbeit die angewandten Methoden des Projektmanagements erläutern.

3.1 Aufbauorganisation[2]

Projekte lassen sich mit verschiedenen Organisationsvarianten aufbauen. Hierzu zählen beispielsweise die Projektkoordination, die reine Projektorganisation und die Matrix-Projektorganisation. Bei der Projektkoordination gehört das Projektteam der Sekundärorganisation an. Dies bedeutet dass die Ressourcen strikt ihrem Stabsvorgesetzten, der Projektleiter besitzt nur eine Weisungsbefugnis, unterstellt sind und nur teilweise im Projekt mitwirken. Die Form wird in den Unternehmen am Häufigsten angewandt. Sie eignet sich besonders für Projekte denen keine hohe Relevanz zugesprochen wird. Bei der reinen Projektorganisation fungiert das Projektteam zusammen mit dem Projektleiter als eigene Abteilung in der Primärorganisation des Unternehmens. Diese Variante wird bei Projekten mit extrem hoher Wichtigkeit eingesetzt, daher können die Projektmitglieder für keine weiteren Tätigkeiten außerhalb eingesetzt werden. Der Projektleiter agiert unmittelbar als Vorgesetzter. Die Matrix-Projektorganisation bietet sich für Unternehmen an die sehr häufig Projektmanagement betreiben wie beispielsweise Unternehmensberatungen. Die Autoritätsdefinition strukturiert sich ähnlich wie bei der Projektkoordination. Die Mitarbeiter sind disziplinarisch dem Stabsvorgesetzten und sachkundig dem Projektleiter unterstellt. Letzterer entscheidet häufig über Termine und Ressourcen und hat damit eine höhere Mitwirkung als in der Projektkoordination.

Bei der Durchführung von Projekten sind meist drei Institutionen von Relevanz. Das Projektteam, die Projektleitung sowie der Lenkungsausschuss. Das Projektteam fungiert in der Regel auch als Team, aber nur selten mit Entscheidungsbefugnissen. Das Formieren des Projektteams nach fachlichen und sozialen Fähigkeiten, sowie der Verfügbarkeit, ist für den Erfolg eines Projektes von signifikanter Bedeutung. Die Leitung besteht meist aus einer oder mehreren Personen, die dem Projektteam häufig mit fachlicher Weisungsbefugnis höhergestellt sind. Die Aufgaben der Projektleitung

---

[2] Vgl. Organisation und Projektmanagement (Bergmann 2008)

Patrick Niedenführ

beinhalten u.a. das Zusammenstellen des Teams, die Führung des Projektes, sowie das Definieren der Aufbau- und Ablauforganisation. Der Lenkungsausschuss setzt sich häufig aus den Mitgliedern der Geschäftsleitung und einer Führungskraft, die gegenüber dem Projektleiter eine protegierende Funktion einnimmt, zusammen. Die Aufgabe des Lenkungsausschuss besteht größtenteils in der Konfliktlösung und in der Steuerung des Projektes. Darunter fallen Budgetierung, Abnahme von Meilensteinen und die Veränderung der Projektrahmenbedingungen.

3.2 Ablauforganisation[3]

Nach der Betrachtung des Aufbaus eines Projektes, wird in diesem Unterkapitel nun der Ablauf erläutert. Grundsätzlich erfolgt der Ablauf von Projekten in unterschiedlichen Phasen.

3.2.1 Projektplanung

In der Projektplanung werden die primären Voraussetzungen für das Projekt festgelegt. In dieser Phase sollen realistische Größen für die Qualität, das Budget und die Termine ermittelt werden, um frühzeitige Fehlentwicklungen auszuschließen. Die Projektplanung beinhaltet u.a. die Strukturierung des Projektes, die Aufwand-schätzung, die Ressourcenplanung und die Dokumentation. Irrtümer die in der Planungsphase entstehen, sind die Teuersten. Dazu gehören Termin- oder Kosten-überschreitungen oder im schlimmsten Fall die komplette Ablehnung des Projektes. Als Resultat ergibt sich in dieser Phase der Projektplan, der Aussagen zu: Warum was gemacht wird, was gemacht, von welchem Geld, von Wem, Wann und Womit (Hilfsmittel), trifft. Im Verlauf der Durchführung dient der Projektplan als Basis für die Entwicklung und die Bewertung des Fortschritts bzw. Projektes. Ohne einen Projektplan wäre dies unmöglich. Die graphische Darstellung A3 im Anhang gibt einen kleinen Eindruck über die Verwendung des Gantt Balkendiagrammes.

---

[3] Vgl. AP ERP Praxishandbuch Projektmanagement (Gubbels 2009)

Patrick Niedenführ

3.2.2 Projektstrukturierung

Da ein Projekt eine sehr komplexe Aufgabe darstellt, ist das Instrument mit der höchsten Relevanz der Projektstrukturplan (PSP). In ihm werden die Arbeitspakete und die jeweiligen Abhängigkeiten der Arbeitspakete untereinander beschrieben. Somit gibt er dem Projekt die notwendige Struktur. Die Definition nach DIN 69901 besagt:

Die Projektstruktur definiert die Gesamtheit der wesentlichen Beziehungen zwischen den Elementen eines Projekts

Unterschieden werden drei Arten von Projektstrukturplänen: Objektorientierte, funktionsorientierte und ablauforientierte Strukturpläne. Der objektorientierte, oder auch als produktorientierter Strukturplan bekannt, bezieht sich hauptsächlich auf die physische Struktur eines Produktes. Aus Verwechslungsgründen mit den Produktstrukturplänen wird in der Regel kein rein objektorientierter PSP angewandt. Der funktionsorientierte PSP orientiert sich anhand der auszuführenden Tätigkeiten, wie Design, Prototyp etc. Meist spiegeln die einzelnen Durchlaufphasen die Entwicklungsprozesse wieder (Automobil → Simulation → Dynamik → Fahrleistung). Der ablauforientierte PSP ist im Prinzip eine Erweiterung des funktionsorientierten PSP. Bei dieser Struktur werden die Arbeitspakete sequentiell abgearbeitet, d.h. die Arbeitspakete werden linienförmig angeordnet, sodass diese die Abarbeitung definieren.

3.2.3 Risikomanagement

Risiko wird als: ein ungewolltes, mit einer gewissen Wahrscheinlichkeit eintreffendes Ereignis, das Schaden mit einer bestimmten Tragweite auslöst[4], definiert.

Die Risikoanalyse ist ein wichtiger Bestandteil der Projektplanung und wird, häufig unterschätzt oder fehlerhaft interpretiert. Risiken die individuell das Projekt betreffen werden Projektspezifische Risiken genannt. Projektspezifisches Risikomanagement beinhaltet die Analyse der Risiken, vorbeugende Maßnahmen und Lösungspläne. Grundsätzlich wird zwischen Risiken im weiteren und im engeren Umfeld differenziert. Unter Risiken im weiteren Umfeld werden z.B. politische oder

---

[4] Vgl. Angewandte Psychologie für Projektmanager (Wastian 2009) und Risikomanagement (Kiesel 2004 PMI)

Patrick Niedenführ

wirtschaftliche Risiken verstanden, während Risiken bei Kunden oder Partner als Risiken im engeren Umfeld bezeichnet werden. Sinnvolle Risikoanalysen werden mittels Brainstorming oder durch Heranführen von Erfahrungswerten durchgeführt. Die projektinternen Risiken entstehen während dem Ablauf des Projektes, insbesondere durch fehlerhafte Planung. Somit beschäftigt sich das Risikomanagement mit der Interpretation von Gegenmaßnahmen, die der Prävention von ungewollten Ereignissen dienen.

3.2.4 Kostenplanung

Die Kostenplanung[5] stützt sich auf den Projektstruktur- und den Zeitplan. Mit dem MS Project Tool ist es möglich, vorher definierte Vorgänge (z.B. Marketing: Konkurrenzanalyse) mit einer bestimmten Vorgangsdauer zu versehen. Dadurch werden die Kosten schon vorab errechnet. Ein kostengünstiges Mindestmaß an Vorgangsdauer, lässt sich durch die wahlweisen Einsatzmöglichkeiten von Ressourcen erreichen. Die Aufgabe der Kostenplanung ist es, eine Prognose über die Kosten (u.a. Projektkosten, Betriebskosten) zu erstellen. Die Probleme bei der Kostenplanung ergeben sich hauptsächlich durch Wissensdefizite. Einerseits die Kostenüberschätzung. Hier werden hohe Zielkosten angesetzt um bei weniger Kosten höhere Prämien zu erwirtschaften, anderseits die Kostenunterschätzung bei der niedrige Zielkosten angesetzt werden, um den Projektauftrag zu erhalten.

3.2.5 Projektcontrolling

Unter dem Projektcontrolling[6] werden die Projektkontrolle sowie die Projektsteuerung verstanden. Das Controlling ist eine Art Frühwarnsystem zur Vermeidung von Risiken. Voraussetzung hierfür ist eine realistische Planung der Kosten und Termine. Das Projektcontrolling bewegt sich hierbei im sogenannten magischen Dreieck (A4 im Anhang), dass das Budget, die Qualität sowie die Zeit beinhalten. Eine Veränderung einer dieser drei Größen, führt unmittelbar zur Veränderung der anderen Beiden. Ein Beispiel wäre das Vorziehen des Projektendtermins. Dies lässt sich durch eine Erhöhung der Ressourcen erreichen (→ Kostenerhöhung). Um effektives Projektcontrolling zu betreiben, wird viel Wert auf die Kommunikation in einem Projekt gelegt.

---

[5] Vgl. Projekt Management (Heinz Kraus und Hermann Kurth 2000)
[6] Vgl. Projektmanagement (Lenz 2003)

4. Ausblick auf aktuelle Projekte

4.1 Aktuelle Projekte

Hoover Dam Bypass Colorado USA[7]

Nach dem Bau des Hoover Dammes folgt nun die Entstehung der größten Bogenbrücke der Welt. Seit 2005 bauen 1200 Arbeiter an dieser Brücke. Die Fertigstellung des 114 Millionen Euro teuren Projektes ist für Herbst 2010 angesetzt. Dennoch steht heute schon fest, dass keine andere Brücke der Welt solche Extreme aushalten muss. Mindestens 17000 Fahrzeuge pro Tag, im Sommer eine Oberflächenerhitzung auf 60° C und heftige Orkanböen die an dem Konstrukt zerren. Abhilfe sollen 1814 Tonnen Stahl und 6881 Kubikmeter hitzebeständigen Beton schaffen. Die Bogenbrücke weist eine Höhe von 243m und eine Bogenlänge von 324 m auf. (siehe A5 im Anhang)

5. Resümee

Als Projektleiter von aktuell einem Projekt (Dauer 3 Monate inkl. schriftlicher Dokumentation), habe ich einen Eindruck von der komplexen Struktur des Projektmanagements bekommen. Auch wenn es nur ein fiktives Projekt ohne tatsächliche Realisierung ist, bekommt man den Aufwand (Planung) und die Probleme (z.b. die Kommunikation) die ein Projekt mit sich bringt, zu spüren. Ich habe das Thema gewählt, da ich mich selbst nach meinem Studium in diesem Bereich verwirklichen möchte. Somit dienen mir die Projekte und diese Seminararbeit als Erfahrungsgrundlage und Basis. Da Projektmanagement ein sehr komplexes Thema ist, war eine ausführliche Erläuterung der einzelnen Themen nicht möglich. Ich verweise hier auf die nachfolgend aufgelisteten Literaturangaben.

Abschließend kann ich aufgrund der eigenen Erfahrung bekräftigen, dass Projektmanagement in der heutigen Art und Weise eine zukunftsfähige Methode zur Umsetzung komplexer Probleme darstellt.

---

[7] http://www.hooverdambypass.org/ 4.12.09, 17:17

Patrick Niedenführ

Literaturverzeichnis

Holger Gubbels: SAP® ERP Praxishandbuch Projektmanagement: SAP® ERP als Werkzeug für professionelles Projektmanagement 2. überarbeitete Auflage (2008) Kapitel 9 S. 207-210

Rainer Bergmann: Organisation und Projektmanagement (2008) Kapitel 9 Projektmanagement

Monika Wastian, Isabell Braumandl, Lutz Rosenstiel: Angewandte Psychologie für Projektmanager: Ein Praxisbuch für die erfolgreiche Projektleitung (2009) Kapitel 15 Management bei Risiken und Krisen im Projekt (Wolfgang Salewski und Lutz Rosenstiel) S. 288-293

Heinz Kraus und Hermann Kurth: Projekt Management Fibel kurz und bündig Gießen 2000

Roland Lenz: PDF File Download: Projektmanagement Homepage *http://www.2cool4u.ch* Dokument erstellt 1.0 06. Jan. 2003

Tom De Marco, Timothy Lister: Bärentango (Leipzig 2003) Teil 1 Kapitel 2 Risikomanagement ist Projektmanagement für Erwachsene Seite 9-18

Hans D. Litke: Projektmanagement Methoden Techniken und Verhaltensweisen Evolutionäres Projektmanagement (2005) Kapitel 3 Projektplanung Seite 83, 86 und 89

Philip Hölzle: Projektmanagement kompetent führen, Erfolge präsentieren (2007) Kapitel 3 Seite 116-125

http://www.hooverdambypass.org/ 4.12.09, 17:17

Anhang A

A1

Quelle:

    http://images.google.de/imgres?imgurl=http://pjmb.files.wordpress.com/2009/09/
projektmanagement.jpg&imgrefurl=http://pjmb.wordpress.com/2009/09/27/komm
unikation-der-klassiker-comic/&usg=__gwIGPe1-
ScbIv8iF42ha5Ypj32s=&h=600&w=800&sz=147&hl=de&start=1&tbnid=KACir
Zl7YDty7M:&tbnh=107&tbnw=143&prev=/images%3Fq%3Dprojektmanageme
nt%26gbv%3D2%26hl%3Dde   (6.12.09 14:16 MEZ)

A2

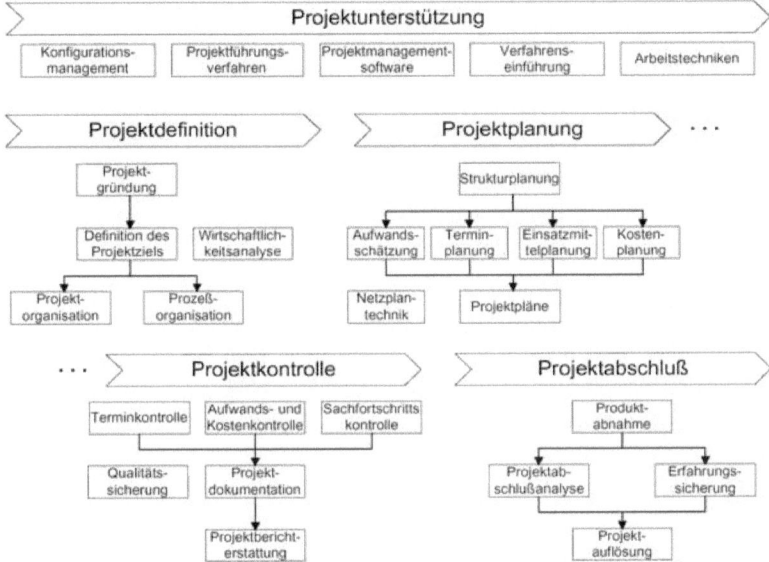

Quelle:
http://www.iicm.tugraz.ac.at/Teaching/theses/2004/_idb3c_/ostrasser/htm/DA-
Dateien/image002.jpg   (31.12.2009 13:47 MEZ)

A3

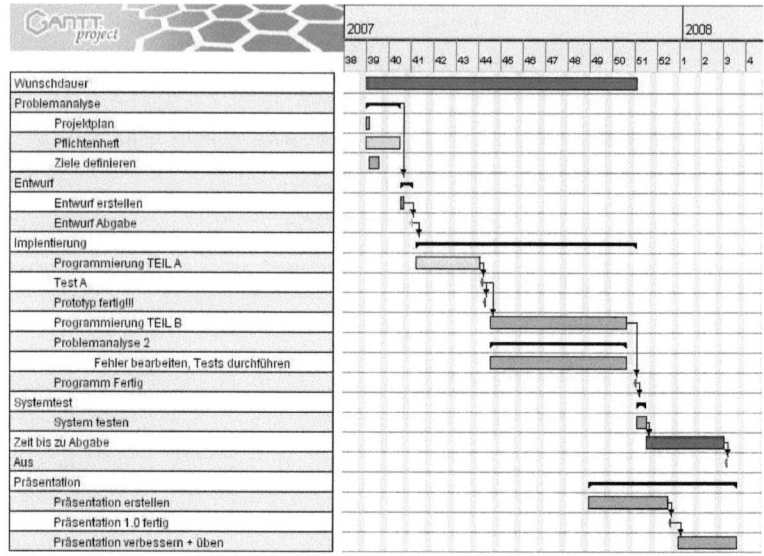

Quelle: blogs.netdays.at/.../projektplan_klein.jpg 6.12.09 14:22 MEZ

A4

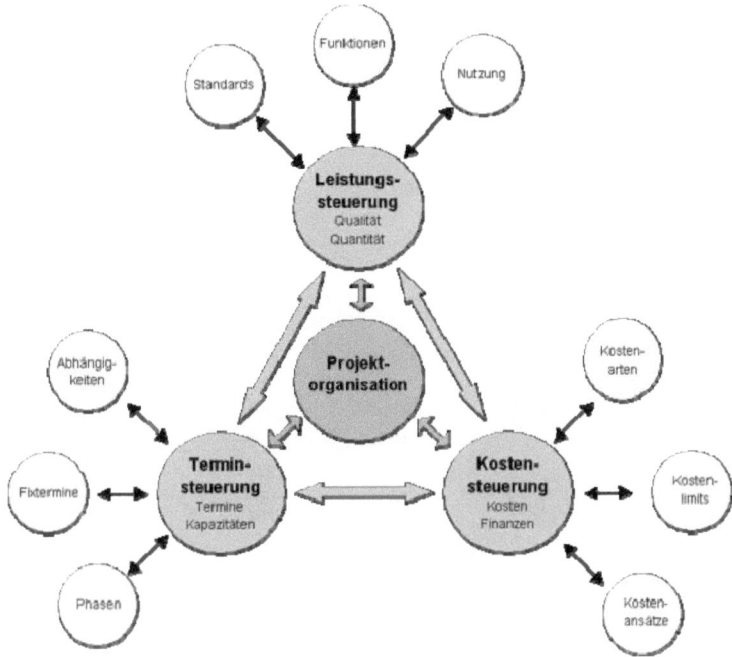

Quelle: http://www.inka-aachen.de/fileadmin/images/projektmanagement.gif

A5

Quelle: http://images.travelpod.com/users/corbs/1.1245520885.the-new-hoover-dam-bypass-bridge.jpg   (31.12.2009 14:09 MEZ)